Últimas soledades

Gaspar Jiménez

Últimas soledades

Vision Libros

© Obra: ÚLTIMAS SOLEDADES

Primera edición: Junio 2024

© Autor: GASPAR JIMÉNEZ

ISBN: 978-84-10039-18-6
Depósito Legal: M-13948-2024

Maquetación: Jesús Navarro Bravo

© Editado por VISION LIBROS www.visionlibros.com

Gestión, promoción y distribución: Grupo Editor Vision Net S.L.
C./ San Ildefonso 17, local, 28012 Madrid. España.
Tlf: 0034 91 3117696 // Email: pedidos@visionnet.es
www.visionnet-libros.com

Disponible en librerías físicas y online.

A mi mujer.

A mi hijo.

PRÓLOGO

Anne Herbert (1916-2000), excelente poeta canadiense, dice con acierto: Le poésie ne se critique pas, elle se vit: la poesía, es para muchos el género sublime de la literatura, el que mejor juega con la música, la metáfora o la imaginación. Es, como decía Aristóteles, la esencia secreta de las cosas. Y Unamuno señala que un poeta es quien desnuda rítmicamente su alma, es una intuición que lo abarca todo.

En el poemario "Ultimas soledades" (2020-2024) de Gaspar Jiménez se dan, sin duda alguna, las premisas expuestas porque su poesía es sobre todo una mirada atenta, amorosa, a la vida, a la existencia, al mundo, al amor, a la naturaleza, a la trascendencia... desde la atalaya de una vital madurez que se sustenta sobre el lento e implacable paso del tiempo.

El libro se divide en seis partes; "Al borde del final" que introduce Horacio: "Más tarde o más temprano ha de salir la suerte que nos embarcará hacia el destino eterno"; "Evocación en sombras": T. S. Elliot resume su contenido con la frase ¡Oh mundo del estío y del otoño de muerte y nacimiento!; "Paraísos olvidados" que abarca la existencia en el recuerdo "Mi lugar es sin lugar, mi señal es la sin señal" dice Rumi; "El amor y la palabra" que, al decir de Rosa Chacel, "Solo el amor es deletreado con las manos"; "Sobre ángeles y dioses" que expresa , de forma simbólica , la identidad de los ángeles "yo soy el angel del ritmo y de la lluvia lloviendo del cielo" al decir de Gerardo Diego.

Y un epílogo escrito bajo amenaza a los palestinos de un posible genocidio en Gaza.

Gaspar Jiménez es poeta andaluz de Málaga, donde nació, y de Cádiz donde ejerció la abogacía durante muchos años. Rafael Alberti compuso en 1950 "la Balada para poetas andaluces"que dice:

"Cantan, y cuando cantan parece que están solos.
Miran y cuando miran parece que están solos.
Sienten, y cuando sienten parece que están solos"

En el poeta Gaspar Jiménez, el canto hecho palabra, la mirada atenta a las cosas y el sentimiento que nace del corazón, de la reflexión y de la experiencia, abarcan toda su trayectoria poética desde que comenzó a escribir y publicar sus "Primeros poemas" en el año 2013.

El autor de "Ultimas soledades", pone de manifiesto que pese al amor permanentemente sentido a través de los años, el poeta vive solo en su mismidad, evocando de modo consciente o inconsciente aquellas "Soledades" de Lope de Vega que transitaban en un ir y venir "... porque para andar conmigo / me bastan mis pensamientos", sentenciaba el genio.

En suma, el poeta Gaspar Jimenez aborda con intuición e inteligencia los eternos temas de la poesía porque son los eternos asuntos de la mujer y el hombre con su misterio y sus cavilaciones.

Intimo y elegíaco es el primer poema con que se abre el libro del poeta, titulado El vestido (A Pepita Jimenez): Mañana cumpliré años / los pasados solo fueron breve parpadeo / como un suspiro de mar / que se deshace en la arena / como un temblor de luz

/ sobre el oscuro brillo / de las hojas muertas. / Mañana cumpliré años / -muchas décadas- / sucediéndose soles / que hirieron mi piel / de células inciertas. / Tú, madre, no estabas / con tu vestido negro / -fondo de flores blancas- / cubriendo de esperanza / mis sueños.

Profundo es el poema titulado "Ansiada libertad" en los que el poeta evoca la muerte sin apenas llamarla por su nombre, porque la palabra es fuerte, contundente, para algunos, cruel. Rosalía de Castro la denominaba "Negra sombra"; Alejandro Casona, La dama del alba...

El poema dice así:

> Solo soy polvo cautivo
> con vocación de espíritu
> enredado siempre
> en el aire inquieto
> que abre una herida
> en las entrañas del sueño.
> (...) Cuando vuelvas -oh, Dios-
> de recorre tus sueños
> (...) deja libre mi voz de tu peso
> por los senderos del silencio.

Todos los escritores vienen, venimos, de una tradición literaria. La lengua se nos ha dado de una manera general y gratuita, construida paulatinamente por cada generación que nos ha precedido.

La idea del sueño, de los sueños, en la línea de Calderón o Borges aparece en los versos de Gaspar Jiménez como muerte dulce temporal o como anhelo o ilusión halagüeña.

Así en "Sueño" escribe el poeta

> Me quedé dormido
> sobre el rumor de las rosas,
> perdido en el tiempo,
> -abierto a ti-
> sin soltar los remos
> de las cosas.

El silencio es otra palabra, otro concepto, que el poeta maneja con frecuencia: Antes de que agostara / el Silencio, / quedaré libre / como pájaro despierto. Un Silencio casi siempre escrito con mayúsculas. Así dice el poeta "A Venecia"

> Si en la nostalgia
> -última-
> de una agotadora Noche
> un inevitable Silencio
> -en sombras-
> me envolviera,
> solo me quedaría la Esperanza
> del descanso sin término
> bajo el sopor de tus aguas lentas.

La memoria, como no podía ser es otra manera, hace acto de presencia en diversos poemas del autor malagueño, con versos celebrativos de buenos momentos y bellos lugares como "En Londres" donde el poeta refiere el concierto Dixit Dominus de Haendel en ST Martin in the Fields; o el poema Málaga dedicado a V. Aleixander... "el de la airosa capa / donde en su descuidado jardín / amó el mar del paraíso; también el poema "Esplendor en la carretera" (en la ciudad jardín) donde "Bajo el oscuro paraguas, / íbamos / enlazando besos / una futura historia/ de encendidos sueños / y así Roche, la Axarquia, Venecia, Madrid, Alozania, Jorox...

Tampoco faltan homenajes a otros poetes que influyeron en su andadura poética: Aleixandre, Juan Ramón J, Luis Cernuda... y sobre todo la poeta malagueña María Victoria Atencia.

También evoca, entre otros, a compositores musicales como en el poema "Cantata a J.S. Bach", o a grandes intérpretes del piano como "A. Ivo Pogorelich" las dedicatorias u homenajes a compositores lo hemos visto también en otros de su libros ya publicados: "Primeros poemas" (2013), "En voz baja" (2016) y "Clavicémbalo bien templado" (2017). La poesía y la música acompañan de manera especial al escritor malagueño que ha sido un buen intérprete de la música clásica para piano y que, todavía practica desde sus días de contemplación y júbilo en el descanso de su residencia en Madrid.

Los poemas de Gaspar Jimenez son poesía de la observación, de la memoria, de los recuerdos, del pensamiento con acentos filosóficos.

Una poesía que sabe del valor y la fuerza de la palabra, como lo registra en el poema titulado así "La palabra"

La palabra es:

lengua revelada,
trámite del pensar,

ruta ardiente
de abismos desvelados.
…Horizonte umbrío
de un feliz pensamiento,
agua escondida
que hace camino
en el sueño del río.

Se ha dicho que Gaspar Jiménez es un escritor de primera fila. Es indudable que sabe convocar con claridad y transparencia conceptos y metáforas que nos traen bellos poemas elegíacos o celebrativos. Versos en su mayoría breves aunque intensos, como esculpidos en un pasado evocador que dicen, lamentan, cuentan o cantan "el paso de los días", ante un futuro siempre incierto, traído al presente de su escritura y de nuestra lectura.

"Ultimas soledades" es un libro que da fe de ello.

Madrid, marzo de 2024

Julia Saez-Angulo
De la Asociación de Escritores y
Artistas Españoles (AEAE)
Y de la Asociación colegial de escritores.

AL BORDE DEL FINAL

"Más tarde o más temprano
ha de salir la suerte
que nos embarcará hacia
el destino eterno".

Horacio

EL VESTIDO

(23-1-2024) A Pepita Jiménez

Mañana cumpliré años
-los pasados solo fueron breve parpadeo-
como un suspiro de mar
que se deshace en la arena,
como un temblor de luz
sobre el oscuro brillo
de las hojas muertas.
Mañana cumpliré años
-muchas décadas-
sucediéndose soles
que hirieron mi piel
de células inciertas.
Tu, madre, no estabas
con tu vestido negro
-fondo de flores blancas-
cubriendo de esperanza
mis sueños.

SOLEDADES

Somos, como soledades
de palabras desnudas,
a contracorriente remando
en los linderos del Silencio.
Somos heridas soledades
al aire descubiertas,
como pájaros en vuelo incierto.
Somos soledades
de misterios asombrados,
-como hilos de verdor-
sobre un rio, fluyendo.
Somos soledades sin dueño
caminando sin saber nada
-paso a paso-
en el lento acontecer
del Tiempo.

EMBRIAGADOS

Siempre hay que estar embriagados
-Baudelaire dixit-
cuando los días humildes
se posan sobre nosotros;
cuando los pájaros
-al anochecer-
se ovillan al calor de sus nidos;
cuando permanecemos
-prisioneros-
en el hueco rumoroso
de un recuerdo;
cuando el alma,
de un metálico brillo,
es abatida
entre las brumas del sueño.
De dioses, de vino, o de amor,
siempre embriagados.
Y de los pensamientos
-calientes como el pan recién hecho-
que me trae el viento.
por las nubes,
rodando
en silencio.

ANSIADA LIBERTAD

Solo soy polvo cautivo,
con vocación de espíritu,
enredado siempre
en el aire inquieto
que abre una herida,
en las entrañas del sueño.
Todo sucedió
en la noche sosegada,
que nacía
-creciente-
en una lenta arribada:
   cristal abierto,
   soledad viva,
   eterna calma.
Cuando vuelvas -oh, Dios-
de recorrer tus sueños
-sanar a la higuera enferma,
dar brillo a los frutales,
enardecer las aguas...-
deja libre mi voz de tu peso
por los senderos del Silencio.

ESTABA AQUÍ

Aquí vive la muerte
con su aliento cansado,
redoblando esfuerzos
-cada día-
para quebrar el Tiempo regalado.
Aquí, duerme la muerte
estremeciéndose la tarde,
adentrándose
-paso a paso-
en un bosque
de venas y latidos.
Sobre un enjambre
de cielos morados,
volvías a mi casa
-si prisas-
como pájaro postrero
al caliente nido.

DESEO

Fuera del Tiempo
-las horas, por el aire
discurriendo-
sin que la luz
-claroscuro de sombras-
reconozca mi Silencio,
¡Llegar al otro lado
-sin atajos,-
quedamente
contigo siendo!

APRENDERÉ DE NUEVO

A mirar con amor las cosas
en los huecos azules del Tiempo.
A vivir en el gozo
-tiernamente embriagado-
acrecentado en los sueños.
Y, al borde de la aurora,
escribir
sobre el blanco esplendor
de la página,
abriéndose a mis dedos.

PROHIBIDA LA ENTRADA

Aguien me preguntó,
a las puertas del Paraíso,
si sabia elaborar perfumes
con textura de acacias;
si podría construir las flores del naranjo
-pétalo a pétalo-
con calma;
si sabría fundir la lluvia
con un beso
-como si la lengua no existiera-,
sin palabras;
si podría repartir
con un blando gesto
bendiciones a la Nada
A todo contesté que sí,
pero había llegado tarde:
las puertas del Paraíso:
-a las doce,
se cerraban.

PREGUNTA

Una vez.
pregunté al viento
por que
el sufrimiento crece
-al acecho-
en horas plácidas.
La rosa cándida,
el agua fértil,
la abeja proletaria
-habitantes de tiernos paraísos-
callaban.

PARENTESIS DE AMOR

A Pepita Jiménez

Apenas recuerdo madre,
tu ternura que quedó en mí
como huérfana,
resbalando en mi cuerpo;
como una sombra
abandonada al viento.
He vivido siempre
en una inquieta espera
en un afilado amor
extinguiéndose en el Tiempo,
aguardando,
que la Muerte y el Amor,
revelen su esencia,
en el tránsito del cuerpo.

LEVEDAD

Los años no tienen peso,
son,
como un secreto en el Tiempo,
como la piel de una sombra,
ligeros.
Aparecen suspendidos
sobre un espectral sueño,
anunciando
destellos de blues
en una despedida
sin regreso.

PASAN LAS HORAS

Soñar
es el último vestigio
de la noche.
El día está
para airear el vivir
-lentamente declinando-
discurriendo,
como la nubes:
en cielo abierto,
pasando y repasando
el Tiempo del ayer.
A la sombra,
de un permanente descanso
-en Silencio sufriendo-
grito desesperado:
¡que no somos de hierro!

AUSENCIA

(Sobre Alozaina)

Me voy, amor, de viaje:
yo solo.
Dejare todo bien dispuesto.
Mis pecados
quedarán sueltos
-al aire-
como los pájaros
levantando su vuelo.
Sobre un armazón de nubes
me esperará un angel,
(soñando yo
-en la oscuridad-
con aquel pueblo vivo
entre una pleamar de azahares).

ATERRIZAJE

El alma de un poema
gira, perdida en el aire,
llega a mi sin avisar,
apenas rozando
el pensamiento inquieto.
Y en breve vuelo,
-como en el mar
de espuma leve-
espera doblegar
el blanco de la página
en un feliz sosiego.

AGUAS EN REPOSO

Mis arterias y mis venas
-como acequias vivas,
lentas, sin lucha;
como savia virgen
de piedra abandonada
que buscan salida
por el hueco de un milagro:
son mariposas agitadas
-errantes-
que conmueven al Dolor
sobre el fervor de un bálsamo.

TENDRÁS UN LUGAR

Te encuentras, Canela,
-piel viva que siente y quiere-
siempre inquieta, alborotada,
lames mi mano con ternura,
vives al paso del día
que es lo que importa.
Y estás, al desgaire de un sonido,
al olor de una ropa,
a la cercanía de un sueño
junto al brocal
de un pozo profundo: siempre,
la mirada alerta.
Me acompañarás,
al inicio de otras primaveras,
en un dulce tránsito:
los dos, en la misma
sala de espera.

LA CAJA

A Emili Dikinson

Vaivén de pasos y revueltas,
sobre un abrir y cerrar
de antiguas heridas,
un drama que se cumple
sobre un convulso réquiem.

Es el último latido de la vida
que ya no rueda:
descanso vencido, doblegado
en el aroma
-dulcemente frutal-
que exhala la madera.

COMIENZO Y FINAL

Iniciando el Viaje, naciendo,
sobre las flores dormidas
me dejaron, al final,
-olvidado-
con un libro
entre la manos.

BLUES

Quedó la rama en desamparo
sin el tibio recorrido de un latido.
Se desgajó del árbol:
la savia había sentido
primaveras
en su interno rio.

Hoja a hoja,
se desprendía mi vida,
como la urdimbre
de un despojo
sobre la Tierra herida.

VAIVÉN

Como un junco solitario
-sin arraigo-
voy
arrastrado por el viento
entre veladas nubes
que florecen a mi paso:
la mañana,
naciendo.

SEREMOS OLVIDADOS

I

La invernal memoria
-herida-,
desprende, sobre la silenciosa
espuma del Tiempo,
nombres olvidados
que claman en soledad
-con humana voz-
ser reconocidos.

Sé que están vivos,
estelares.
en algún lugar perdido,
como imágenes
gráciles, despiertas, inmortales
sobre jardines sombreados
en la acogedora plenitud.
de un sueño amigo.

II

En un rincón fugitivo
descansan los nombres
-que son solo sombras al permanente borde
del Olvido.
Solo puedo
acercar mis labios
al delirio de la luz
-beso la luz-
sobre un mar de surcos desgastados,
que van conmigo.

SED

Cuando tenga otra vez sed,
dame agua de cualquier lugar :
agua ingrávida del rio
con vocación de mar;
agua de lluvia en sombras
con esperanza
de corriente viva;
agua del pozo aquel
-salamandra inmóvil-
vestido en Primavera
de musgo esmeralda.

O dame de aquella agua
que la sed de Paz,
eternamente calmaba.

HERIDO EN SOLEDAD

Ya es mucho
-a esta edad-
ver pasar el Tiempo,
dormido
-tenuemente-
sobre mi cuerpo:
la vida,
extinguiéndose lentamente,
como pájaro cansado
en su vuelo.
A esta edad,
se vive como en un sueño,
como clavicémbalo
abandonado, por los dedos.
Urge aplacar el Dolor,
liberarlo de misterios
en el hondo vibrar
del viento.

FINAL FELIZ

Tomaré posesión de mi casa
olvidadas las cenizas
-ya, sin memoria-
en el furor del viento.
Y seré libre:
sin papeles revueltos,
sin inviernos fríos
que desconcierten mi cuerpo,
sin búsqueda
de otros azules
perdidos en el camino.
Antes de que agostara
el Silencio,
quedaré libre
como pájaro despierto.

PLAYA DE EL PALO

(En Málaga)

Se iniciaba el mediodía,
creciendo,
en la barca abandonada:
textura de madera caliente
en blanco y verde
embreada.
La espuma de mar,
-en reposo-
rozando apenas
la luz de la mañana.
Humo de leña envolvente
-ensimismado en el aire:
los peces,
-humeantes-
dorándose al fuego
en la barca abandonada.
Olas, encadenadas
en mi corazón confiado,
se adentraban
Quedarme siempre quisiera
en un silencio del aire.
Con el horizonte del alma
-recogido-
en la barca abandonada.

LA VIDA FÁCIL

No es difícil vivir
si solo eres
como el humo de un recuerdo.
Y dejas pasar el Tiempo
declinando la luz en sombras
en permanente desvelo.
No es difícil vivir
si eres solo luz calmada
cornisa de nubes en el cielo,
sombra de la Nada: solo si eres
de un lamento,
la huella desterrada.

LA PARED

Esta pared de mi cuarto
guarda secretos vivos
en el azul de los sueños
olvidados.
Tiene vida febril
en sus cuadros,
en sus angeles inventados,
en sus libros
en la madera palpitando.
Es como una ladera
prendida de aromas
al pie de un Tiempo truncado
No está dormida
la pared gris de mi cuarto
seguirá soñando
-viva-
cuando la Noche
tiemble en mi párpado.

REGALOS

Declinando ya
por aquel Valle mi sombra
recibí sin yo esperarlo,
una piel quebrada,
sumisa al tacto desbordado;
unas manos de oscuras venas
amigas del lápiz afilado;
una mirada,
que, todavía,
escudriñaba
la ultima plenitud
del crepúsculo azul,
en perfil rojo trocado.
Y el Tiempo breve,
que sacudia,
el vacío de las horas lentas
como el insomne Proust
lo había recobrado.

EN VENECIA

Si en la nostalgia
-última-
de una agotadora Noche
un inevitable Silencio
-en sombras-
me envolviera,
solo me quedaría la Esperanza
del descanso sin término
bajo el sopor
de tus aguas lentas.

ASALTO

A un inmigrante

El silencio, no cubrió
las espesas alambradas rotas,
asaltadas por ti
-dedos de sangre-
en el frio hostil
de la madrugada.
Ni había curado
las heridas del mar en tu piel,
entre penumbras y sombras
de olas,
El silencio fue detenido
en la nostalgia azul del mar:
como una huella adormecida
que abrigara tu alma,
ya, si esperanza.

SOMBRAS

La tarde, lentamente,
se escondía en el horizonte,
desvistiéndose de luces nacaradas,
desnuda de misterios,
derramando,
un soplo de presagios,
antes,
que la noche
-sin rumores-
aconteciera
...y todo quedó convertido en sombras:
sombras de un cuerpo en declive;
sombras de un rumor de palabras;
sombras de horas
alfombradas de silencios;
sombras de un viaje
-sin retorno-
hacia la Nada.

PERDIDAS PALABRAS

Iniciando un poema, sobre la hoja blanca
-a la ambigua luz del alba-
tachaba yo palabras
que quedaban sin vida,
como despojos del Tiempo
desterradas de la página.
Palabras
que fueron olvidadas
que quedaron ocultas
-sin memoria-
entre las sombras del alma.
Esparcidas sin rubor,
soñando azules desde el aire
con el deseo fatigado
de ser algún día,
resucitadas.

SALA DE ESPERA

Vivo,
en el sopor de las Sombras,
como un clave abandonado,
polvo gris entre mis de dedos.
Urge aplacar el Temor
del cuerpo,
liberarlo
-sin quejidos.
en el hondo vibrar del pensamiento.

SUEÑO

Me quedé dormido
sobre el rumor de las rosas
-perdido en el Tiempo-
con el corazon
-abierto a ti-,
sin soltar los remos
de las cosas.

ACOGIDA

Solo una sombra de paz
recogerá mis sueños,
como un hilo de luz,
en la habitación cansada:
abrazados juntos
a un latido de fuego.

ES UN DECLINAR

Hace tiempo
que no se afinan mis sentidos
que ya no buscan
el débil rastro
de una blanca mariposa
en bajo vuelo;
ni retienen en la memoria
el rumor de agua luminosa
de aquella acequia prisionera
entre mis dedos.
Temen el cansancio
de roturas de cristales
que transitan
-gozosos-
por mis venas.

MÁRMOLES LABRADOS

Los últimos años de mi vida,
permanecen en vilo,
transitando,
por la penumbra del recuerdo
y los libros,
-ya olvidados-
solo son costumbre derramada
sobre unas manos calmadas:
presienten la blancura
-inmóvil-
de una losa
con mi nombre labrado
en el mármol del Tiempo.

APRENDIZAJE

¡Vivo ya tanto tiempo!...
aunque menos que los astros
y más que el pájaro inquieto.
Aprendiendo
-cada día-
a morir,
se repliegan las luces
de mis ojos
al contemplar el sueño gigante
de un mundo herido.
Van, cubriéndome la piel
-suspenso el corazón-
relatos de humo velado,
habitando,
en el sueño de un mar:
recordado en calma
-aguas en reposo de un Salmo mágico-
acariciando mí silencio.

EL TIEMPO

El Tiempo,
-sucediéndose los años-
va cerrando puertas
y abriendo heridas,
desvaneciéndose,
en nuestra propia historia:
hecha de sombras lúcidas
sobre un rumor de Vida,
latiendo.

DUDA

Solo los inocentes serán salvados,
difícilmente, ni tu ni yo
señalados, desde siempre,
por el original pecado.
Solo se salvarían
el pájaro en su canto,
o el perro
-en su ladrido-
caricias reclamando,
Quizás la rosa,
abierta,
al beso soñado.
O el humilde romero
su aroma desplegado.
Nosotros, quizás, no.
Nos hundiremos, queriéndonos,
en el pozo del Tiempo
cogidos de la mano.

SOBRE INTUERE

La intuición,
solo es esperanza alborotada.
Si le preguntas
al pájaro que pasa,
-sobre una ondulación feliz
del arco iris-
que si te presta sus alas
-latido vivo en el alma-
te dirá sorprendido:
mejor
pregunta, esperanzado,
a la dulce lágrima
que se deshace en la Nada.

PROTAGONISMO

A Steven Weimberg

Más allá
de la inestable estrella
que en el pozo del Tiempo
-si prisas-
se apaga.
Más allá de las válidas creencias
que el corazón apacigua
-como la dócil lluvia cercana-
más allá,
del nacer y del morir
sobre la Tierra...
Dudo, como tú, si existe
un papel estelar del hombre
en la mañana.

ESPERABAN EN EL SILENCIO

Buscaban rios de amor
en el tierno vientre
de oscuros secretos escondidos.
Esperaban salir
a un cielo sin retorno,
a ser acogidos
como un dulce respiro,
sobre mar
templado de alientos.
No pudo ser:
los balcones del Tiempo
no se abrieron para ellos.
Y sus voces
-débiles-
quedaron si blindar
entre oscuras venas:
Y el sueño de vivir
quedó lejos, supendido.
Y al despertar el Alba
solo quedó latiendo
un agónico suspiro.

LA PÉRDIDA

Pepita Jiménez, en el recuerdo

No me contaron, en tu agonía,
como el Dolor se adentró
-dulce, denso-
en la profundidad
de un sueño.
Aquel Dolor
cercano a tu piel
debió de ser oscuro,
como el fondo
de un abismo abierto,
como un terror confuso
que dejó prisionero tu cuerpo.
De aquella olvidada infancia
me quedó en la memoria
-como un pálido reflejo-
una celeste mirada,
un vestido blanco y negro
una taza de azulados bordes,
un collar de tenue brillo
-como de pálida cera-
un dedal esmaltado de colores...
Ni siquiera me quedó de ti
un solo cabello
que guardara;
un olor encendido
de mieles o de alhelíes
ni tu voz que quedó convertida sobre el Tiempo
en leves rumores.

EL VELERO

En el atardecer del día,
mi breve biblioteca
se desgrana en la madera.
Y la hierba del jardín
acoge
-dulcemente-
la pasión viva de mi alma,
ligera de equipaje:
como velero sin velas
sobre la arena blanca.

DESDE FUERA

Me han sido dados,
sin yo pedirlos,
atributos animales:
pensamientos
que cubren huecos
en la escalera del Tiempo.
Le quiero llamar alma
a la savia que fugaz corre
por las orillas de un secreto.
Le quiero llamar cuerpo
a un error de la materia
acumulando células
en desamparo, en permanente riesgo.
Me mantiene
-asombrado-
la emoción de ir viviendo:
perdiendo, día a día,
sangre conmovida que se dispara
-muriendo-
hacia dentro.

DESPOJOS

No es mío el Tiempo
que dura una tarde
de tedio inflamada.
Ni el vestido de alas
que cubre
el temblor de una lágrima.
Ni el clamor de un cuerpo
con miedo a la herida
de un surco en el agua.
No es mío el Dolor
Que dura en la noche
-las horas contadas-
en el interior del alma.

EN EL ORIGEN

No hay, a la vista,
ningún imprevisto desastre.
Nada quedó roto, deshilado.
Todo lo extinguido en mi cuerpo
-sangre, arterias, huesos, piel-
vuelve al principio de lo soñado.

EVOCACIÓN EN SOMBRAS

¡Oh mundo del estío
y del otoño
de muerte y nacimiento!

T. S. Elliot

NO VOLVERÁ

"vinieras y te fueras dulcemente"

V, Aleixandve

En la adolescencia
-Primavera derramada
por la piel-
maduraban los sueños
retornando el pálpito
de un temor secreto.
Presentías
escondidos esplendores
y el deseo
-en el aire hechizado-
dejaba en la piel
una huella dócil.
Anochecía
sobre unos labios
-soñados entreabiertos-
a la dulce humedad del rio,
aguas,
lentamente fluyendo.

REFUGIO

Aquí, el paso de las horas
-frente a un espejo antiguo-
era vacilante,
como un torpor confuso
como el fervor de un bálsamo.
Alguien,
en el café
-con lentitud de sueño-
barría el suelo
del desprendido olor
a fruto y a cansancio.

CIUDAD MÁGICA

A mi padre

Nací en Malaga,
en la calle San Juan,
en una casa de altos cierros vigilantes
-blancos-
acristalados de rojo vino
y azules de mar,
Era la ciudad reposada,
dulce
como las pasas de la Axarquia:
la ciudad de Aleixandre
y de Emilio Prados.
Y en el segundo piso,
de escaleras de mármol quebrado,
-barandas de caoba
y de hierro forjado-
había un piano
de candelabros de bronce
y teclas de marfil amarillo.
Unas manos -protectoras-
interpretaban preludios de Bach.
Y unos ojos
-sin apenas destellos de luz
se acercaban al papel
rozando la página.

Un río de recuerdos
me vienen a la memoria
aligerando - hoy-
mis cansado pasos.
¡Oh, aquella ciudad magíca
De Aleixandre y de Emilio Prados!

ESTABAN ESCONDIDOS

Hace tiempo
que estábamos allí en la Ciudad Jardín
-ajardinada-
donde las tinieblas del corazón
no tenían poder;
donde las palmeras
-ecos del aire-
engrosaban sueños sin rubor
en el misterio de la tarde

La noche, acercándose
en su azul oscuridad,
debió abrazarnos
con sus luces fugaces.

Y allí estaban para ti
-escondidos en la plenitud
de un nocturno-
todos mis versos que,
-tardiamente-
colman de palabras
estas páginas vírgenes.

HACE MUCHOS AÑOS

Las paredes, desnudas
aguardaban
el frio del hambre.
Se gritaba en silencio
se silenciaba a gritos,
a escondidas se amaba.

Las paredes,
cansadas de digerir sueños, se derrumbaban
en lágrimas muriendo

ALGUIEN LLEGÓ

Era pronto
para dejarse abrazar
por la luz primigenia,
porque lo inefable
podría llegar
con sigilo fragante,
¿Qué fue de aquel discurso
de azules
sobre el declinar de las horas?
¿Qué, de las plantadas estrellas
en la noche tangible?
¿Qué, del humano Tiempo
resistiéndose a perder
la lucidez
de la palabra trémula?
Habría que distinguir
de tu voz, los últimos matices:
los abismos ya no acogían besos,
mientras Alguien
sembraba rosales en un bosque
de árboles sin rumbo.

LOS "PASOS"

El trono
-filigranas de oro y plata-
bajo la oscuridad cerrada,
marcaba los golpes de bastones
al paso convocado.
Algunos, lloraban sin piedad,
besando,
el trono cimbreante
o el borde de un manto.
La saeta, desde un balcón,
disparaba su voz rasgada,
Y en la fria amanecida
el paso retornaba al templo
en un clamor de palmas.

En las esquinas del sueño,
el vino, derramaba cansancio
en la garganta.

PURO ARTE

A Antonio López

Cómo se puede pintar
-grieta a grieta-
el canto triste
de un viejo lavabo

Cómo se puede hacer arte
-hoja de afeitar oxidada-
sobre el cristal de una vitrina,
vivo el vaho, descansando.

Cómo se puede ir,
escudriñando,
sobre un espejo encantado
manchas de azogue,
declinando.

Cómo se puede encontrar
vida vibrante
en el viejo regazo
de un triste lavabo,
abandonado.

EL PÁJARO

Recorta el aire
a tu mirada,
alzado el vuelo.
Y vuelve mas tarde
a la cimbreante rama
bajo un azul hiriente
en permanente desvelo.
No sé si su cantar
es llamarada viva
de encendido celo.
Mi corazón, sin dueño,
-vaivén de agua y sangre-
por el olvido
va huyendo.

RETORNO

Hay que volver siempre
a lo más profundo del sentir.
Y en el gris Otoño
transformar
-con esfuerzo-
el Dolor en gozo.

En la tarde,
de luces agotada,
me invadía
un dulce tedio
como el silencio del árbol.
Todo era,
como un secreto del Tiempo
hacinado en la era,
-como abandonada
gavilla de trigo-
mi permanente cansancio.

RIO DE MÁLAGA

El rio venía de lejos,
de un lugar
donde sombrea el agua.
Siempre seco
en su sola soledad:
sin espuma,
sin un hilo de agua.
... Fue un verano
de noches calientes:
el amor lo cruzó una vez,
derramando ternuras,
abrazado a su muralla.

AFIRMACIÓN

La compasión
nos acrecienta la memoria;
el amor entrelaza
lágrimas efímeras;
el dolor cubre
la desnuda piel
de dulce musgo.
Y la alondra
-en plenitud de gozo-
escribe un latido
en tu ventana.

DESPEDIDA

Fue el momento
de pulsar la cuerda escondida,
dejándome privado
los sentidos
Quise fundir bronces
sobre las rosas
-abandonadas-
del camino.

A JUAN RAMÓN J.

Me asomé al pozo
-J.R. me acompañaba-
en las horas desvalidas.
Con el Silencio en acecho,
el corazón perdido.

AROMAS DE MI INFANCIA

(En Alozaina)

Era un duermevela templado
-naciendo la aurora-
y de mi pensamiento surgían,
(como de un bosque iluminado)
los olores de mi infancia.
Y recuerdo
-como en débiles sombras-
el olor del frio,
surgiendo,
de la solitaria humedad
de las aguas;
el cálido perfume del naranjo
(el fruto, recién cortado);
el olor, dulcísimo, tibio,
del establo cercano;
el aroma
-denso y agresivo-
de la amapola
moteando de lujuria los campos;
el olor a cal azulada
-blancas las paredes-
deslumbrando la mirada;
y el tierno aroma
de anises y especias
de la tienda de al lado;
¡Oh, aquel tiempo,
blando y dulce,
de mi infancia!

POEMILLA

Voy lento por la memoria,
Sin piedras en el camino,
bordeando,
-a duras penas, el ayer-
en el pozo del Olvido.

DESEOS

Clavar sobre la madera
unas manos sin tatuaje,
mientras trémulas estrellas
acusan
el frio de la piel.
Buscar las anclas del mar
-olvidadas-
en la sombra perdida
de un sueño
Deshacer corazones,
a golpes de vidrios
por los frágiles cielos.
Encontrar cerezas
-percibidas dulces-
iluminando las páginas
de un libro cerrado.

ABANDONO

Sé muy bien,
cómo se pronuncia tu nombre
desde esta lejanía
en apacible deshierro.
¡Como quedó tu palabra
enraizada en mi,
-letra a letra-
quedando tu voz clavada,
bordeando el aire
como en un sueño agitado!
...Tú, junto a mí,
dejamos en las aceras
huellas desnudas, vívidas,
sobre un enjambre de latidos.
Éramos habitantes
de una arboleda sin horizonte:
aunque los parques,
bancos, palomas
-desplegando misterios-
inundaban las auroras cada día.

MILAGRO

Había un camino claro
sobre las aguas;
pudiéndose caminar
-dejando hondas huellas-
sobre piedras imaginarias.
Y los peces
quedaban asombrados
cuando una túnica
-sin ribetes dorados-
les rozaba
las afiladas aletas.
Bajo el agua
temblaban
-embriagados de esperanza-
los corales y las algas.

EN LA MEMORIA

Aquella Navidad
se afianzó en mi
como estanque yerto
de aguas en reposo,
protegido del viento.
Carretera arriba,
nos dábamos la mano:
nos envolvía -lentamente-
la noche aromada
de jazmines y esperanza.

BARRIO DE LA TRINIDAD

(En Málaga)

Las cuerdas de una guitarra
-arañando los rincones del Tiempo-
rompían el temblor del aire:
rodaban claridades
por las calles madrugadoras.
Y el aguardiente
tibio, dulce acogedor,
quemaba, acariciante,
la garganta.

SUEÑOS

La piedra en el camino
-solitaria, limpia, estelar-
sueña con lejanas aguas.
Aviva la memoria
-plácida-
el aliento roto
de una caricia frustrada
Desnuda la tarde
-leve, soñadora, esperanzada-
en mi corazón atormentado,
descansa.

EN EL ANTICUARIO

Un viejo piano,
-como el arpa aquella en un rincón-
era polvo abandonado.
Abrí su tapa con ternura:
un leve fulgor
me envolvió
como un húmedo beso.
Pulsando sus teclas amarillas
senti,
un rumor frio
del corazón a mis dedos.

SOLEDAD

El Tiempo
-recuerdo conmovido
en la lentitud de la tarde-
se ajusta a la piel
creciendo en las venas:
con la perfección fugaz
de un secreto, luminoso
olvidado en el aire.

LONDRES I

Un rumor de bruma herida,
descansaba,
sobre el ancho cauce del Támesis.
Kant, en cándidos sueños,
lo había recorrido,
-milimetrado-
sus fértiles despojos.
Haendel, el de los oratorios
inmortales,
tramitaba sonidos,
en aquellas vidrieras
colmadas de doliente Humanidad.
Y en el pub mas cercano
-madera alfombrada,
discretas luces-
S. Holmes me esperaba:
un jerez seco acarició
nuestras ávidas gargantas.

EN EL CAMPO

Transformaba
el Dolor en gozo
el silencio
-puro-
del árbol.
Raíces del ser
hacinadas en la era:
como gavillas de trigo,
entretejiendo
mi cansancio.

EL OLIVO

En mi jardin

Redonda soledad la de mi olivo:
da poca sombra
-perfil de sombra, diría yo-
que acoge dulcemente
el fruto, sin morder,
en la mañana.
Pero mi olivo, huele a paz
en un hondo silencio,
sin gemidos.
Él, despunta al mediodía,
y empapa,
de luz ardiente el Tiempo:
de mis brazos
tiernamente huido.

EL AZÚCAR

A Pepita Jiménez, en Alozaina

En la aldea,
era un día destemplado:
yo, con muy pocos años;
tu vida,
pura luz declinando.
Soñabas,
con dulces terrones
escondidos bajo la almohada.
Tu voz, fue
solo sombra desvalida:
nunca conseguí recordarla.

LOS ROMÁNTICOS

I

Chopin cuerpo vacilante,
manos febriles
que fueron reveladas
en el misterio encantado
de la Sala Pleyel.
Fue, todo ardor en las sombras,
-pálida piel arrasada
por un dolor de dardos desgranados ,
fruto abatido en las sombras.
(Jorge Sand,
amortiguaba,
el pálido fluir de las horas).

II

Schumann, príncipe del Dolor,
rio de sangre desbordado.
Fue prisionero de delirios:
amor por Clara
y locura de trémulos fulgores,
fundidos.

III

Schubert, amigo:
escucho tu voz de hacedor de sueños,
cristalizando los sonidos
en emociones y ternuras.
Temprana tu muerte
— supremo Dolor del Tiempo-
te acogió soñando
con el secreto del morir.
Con el corazón
-puro de gracia-
abierto.

IV

Cesar Franck,
angel de ternura y de consuelo,
fuiste como agua que sueña
en dorados reflejos
Había en tus Corales,
un lenguaje místico y tierno,
un esplendor de luces matinales,
que incendiaban
las vidrieras del sueño.

FRÁGIL EVOCACIÓN

Era un invierno dócil
-tierno-
con la lluvia derribando luces.
En la tarde:
se adivinaba,
el efímero rumor
de un cansancio.
Detener la marea fugitiva
de un recuerdo;
parar el Tiempo
cuando la Belleza se deshila
entre las grietas de un pétalo.
Solo quedaba
el fruto herido del ayer,
-enredado-
en el quicio velado
de un deseo.

PÁGINA PASADA

En Alozaina

El pan blanco
se guardaba
en la oscura alacena
como un secreto manjar,
junto a la miel de caña
y a los frutos maduros,
todo,
en sombras envueltos.
Era Invierno,
La guerra aquella
-fría y cruel-
continuaba
a pocas horas de mi casa
La tarde se tornaba
en dormida luz,
esperando
-cansada-
que el velo de la noche
silenciara las lágrimas.

TUMBAS Y NARANJOS

Éramos muy jóvenes
y las tumbas
no eran mármol desolado,
ni tenían sabor
a sombras de muerte
ni a tristeza.
Todo era honda belleza
de un azul desnudo
y de rosas apagadas
en la incertidumbre
del aire.
Un beso furtivo
desvestía tus pasos
de ingrávida luz
Y los naranjos silvestres
tejían la Tierra
de frutos caídos,
adivinando sueños
entre las sombras
del rio.

NACIMIENTO

Nace la mañana
creciendo sin prisas,
dorándose
-lentamente-
sobre el sol en llamas.
Tiernamente húmedo
quedó el rocío
-abandonado-
sobre los pétalos en sombras.
Y desbordada de luz,
-adivinando el oro de la tarde-
llegó la mañana.

AMABA LOS CLÁSICOS

Hubiera querido ser invitado
por Montaigne
a la intimidad de su torre;
ser su amigo;
seleccionar juntos
las citas de los clásicos
-honores especiales a Séneca y Plutarco-.
Juntos,
escribir los lúcidos Ensayos:
él, con la palabra doméstica
-a veces fugitiva-;
yo, poniendo una música vibrante:
una fuga de Bach
del clave bien templado.
Y, en un descanso,
contemplar juntos
por las altas ventanas de la torre,
el vuelo de los pájaros.

PARAISOS OLVIDADOS

"Mi lugar es el sinlugar,
mi señal es la sinseñal."

Rumi

SEGURO LUGAR

A. V. Aleixandre

Es aquí
donde quiero estar
-sobre las horas plácidas-
adivinando
luces estelares
puras como el agua;
recibiendo
-desde un clamor lejano-
las cantatas de Bach
que dilatan el corazón
bajo un temblor de alas.
Es aquí,
hurgando en mi propio Paraíso,
donde quiero estar
descansando
sobre serenos resplandores:
ignorando,
si en el último abril
la lluvia reciente
-de blando ropaje-
seguirá creciendo
en la montaña.

PROPIEDAD EN PLENITUD

Es mío,
el trémulo sendero
que, en la lejania,
-sin perder mispasos-
se desborda en trinos.
Es mío,
este pisar la Tierra
-en el lento agosto-
en una búsqueda esperanzada
sin cordial desvío.
Mío,
este quemar el Tiempo,
este aventar las horas,
este tocar las sombras
enlazadas a tu cuerpo.
Este besar
-sin prisas-
tu corazón herido.

MAR DE EL PALO

(Málaga cercana)

Olas, apenas sin ruido,
como leves estallidos
sobre la arena.
Arena gris,
ajena al remo
y a la paloma viajera.
Rescoldos del olivo ardiendo
broncean el espeto
que inundaba de aromas
el azul soleado del mediodía.
El humo quiebra el aire:
el mantel y el vino, impacientes,
junto al aire marino,
me esperaban.

LA PALOMA

(en Roche)

Sosegada la noche,
-en mi mar revuelto de estrellas-
nacía la mañana.
Caminaba,
errante, picoteando en la hierba
-recogidas las alas-
paso a paso,
una paloma
blanca.

PALABRAS EN SOMBRAS

Una voz,
puede romper
los inciertos bordes del silencio;
una voz,
puede quebrar el cristal
de las encendidas aguas;
una voz,
puede herir
las ondas luminosas del Tiempo;
una voz,
puede alterar
el aire vivo de un recuerdo,
haciendo vibrar
el vuelo corto de un sueño.
A solas me quedo
bajo la sombra de tu voz
en el gozoso despertar del Tiempo.

ESPENDOR EN LA CARRETERA

En Ciudad Jardín

Bajo el oscuro paraguas,
íbamos,
enlazando besos;
hilvanando,
una futura historia
de encendidos sueños.

AMANECER EN ROCHE

En el despertar de un sueño
-desierto de aromas-
la tentación
de seguir acogido entre sábanas
es derrotada.
Por la puerta de atrás,
en duermevela matinal, salgo:
a que me anegue
el aliento del alba.
Hay en el aire agreste,
libertad creciente:
como de unas alas
entreabiertas de secretos;
como una Primavera
de rosas tapizada.
Y la amable Soledad,
se instalaba
en mi piel dañada
recorriendo
-vértebra a vértebra-
los huecos del alma.

CONTRASTES

Siento el aliento cálido
en el frío labio;
se pierde la oscura noche
en la pálida mañana;
vivo la soledad
de huellas en el aire;
escucho el rumor lejano
de voces enlazadas;
sufro en el corazón arrebatado
lluvia de dardos perfumados.
Hay una búsqueda
de sombras derribadas
en el rumor del sueño:
cercano el despertar del pájaro
hay fuego de sol,
amaneciendo.

MEDIODÍA

Hierve el agua fugitiva
mientras los pájaros
ajustan su vuelo a la rama.
Llegábamos sin prisas a la casa
-no eran todavía
las dos de la tarde-.
Y tú, convertías
el aliento de los campos y de la huerta
en manjares ligeros, enhebrados
de aromas soñadores.
Fue la hora
de entornar la puerta,
quedándonos, los dos,
en amigable soledad.
Fuera, el Sol se resistía
a desliar la luz
sobre la ventana abierta.

SOLO LA LUZ

La esperanza,
-en las últimas
y silenciosas horas del día-
se adentraba,
como silenciosa corriente de agua,
por los derroteros del alma.
La luz,
-delgada
como un hilo de fuego-
vestía,
en la lejanía,
al lirio solitario.
Todo el fluir de pensamiento
alumbraba tus sueños,
en calma.

COMPARTIENDO LECHO

En Jorox

En la aldea,
del molino vivo
retumba el rio
sobre las aguas.
La escuela
-casi en ruinas-
esparcía azahares
sin el soñoliento clamor
de una voces infantiles.
La golondrina
-sombra fugaz en el aire-
arrastraba, centelleando,
sus alas:
acomodándose en el nido
-cornisa acogedora-
con el dormitorio, ya,
a oscuras, en paz,
sin ruidos.

LATIDOS DEL PINAR

I

Anhelaba
la inmortalidad
la rosa:
queria esparcir
-en el corazón del aire-
sus blandas espinas.
Y quedarse
-solo-
con su aroma.

II

La rosa, al aire
-gozosos los pétalos-
se estremecía, templada,
entre mis dedos.
Había un pálpito de palomas
en el corazón del pinar,
como música de ángeles
rendidos al viento.
Las nubes, vírgenes,
acariciaban
senderos azules
sobre las sombras
de un cansancio
-a solas-
muriendo.

CIUDAD EN PLENITUD

Madrid es la ciudad
que me envuelve dulcemente
y que recorre mi piel
como un viento que no lastima.
Me abrazó
con su halago de altas nubes
y parques dormidos al sol.
Deslumbró mi mirada,
el resplandor rojo de la tarde
sobre una sinfonía
de balcones acristalados.
Habrá un día
un sillón vacio en la casa
-en el silencio del tiempo-,
sacudiéndose la nostalgia
de un cuerpo rendido.

LA BÚSQUEDA

Escribir
-Flaubert lo proclama-
es, un modo de vivir.
Es vivir despierto,
como los astros declinando,
en un deshacerse lento.
Escribir es
un vivir conmovido,
un buscar la palabra
que, en su permanente huida,
anida,
sabiéndose,
-en el Silencio-
amada.

LA AXARQUIA

El fruto de la higuera,
secándose al sol de la mañana,
ignoraba que había sido
fluyente savia,
vertida a torrentes,
como el agua.
Habíamos compartido
el aire sutil de la Axarquia,
el trasiego de la uva espesa,
la vida renovada
en aquellas dóciles laderas.
El pueblo
-cal fresca todavía-
guardaba celoso
el dulce vino del lagar doméstico,
en la despensa en sombras.

OTOÑO

A mi hijo

Mira como crujen, Enrique,
-al pisarlas-
las hojas del otoño:
el oro turbio se aposenta
-caído-
en sus nervios sin vida.
Más arriba,
-junto a tu ventana-
el lentisco,
deja un poso dulce
en las enredadas ramas
de tu alma.

CASA DE ALOZAINA

I

Nuestra casa
era un prodigio de silencios
y de voces aisladas.
Al frío amanecer,
se abrían
-soñadoras-
las ventanas.
Y la calle se poblaba
de aromas de azahar
y de un temblor de alegría
desbordada.
Aquella casa,
no tenia perro cuidador:
otros, en la lejanía de los campo de amapolas,
ladraban.
En el patio de atrás,
un pájaro tempranero,
sacudiéndose el rocío
huía en la mañana.

II

Calles empedradas:
los últimos ecos vibrante de la noche
sobre las ventanas iluminadas;
cascos de caballos
desprendiendo chispas de fuego
sobre el aire frío;
aro de madera
-que esquivaba silencios-
descansando, de rodar tanto;
un llanto oscuro
de infantil desespero
en la vencida noche, clamaba.
De ella, de mi madre,
-vestido negro
de flores blancas-
esperaba yo, impaciente en mi cama,
un beso que consolara
-amortiguando-
los rincones del miedo,
en la oscuridad del alma.

EN ROCHE CON RO

El hueco tibio
de la chimenea
acogia a Ro
sobre un cálido refugio
de apagados rescoldos
cuando
-hecho un ovillo-
ojo alerta dormía.
Fuera, en la noche,
el jazmín
desprendía su aroma
sobre la tierna oscuridad
del olvido.

FRUSTRADO PARAÍSO

Es difícil vivir
si solo eres
el humo de un recuerdo;
es difícil vivir
si eres solo luz calmada
sobre una cornisa de nubes
en cielo abierto;
es difícil vivir
si solo eres
sombra de la Nada:
solo,
la frágil huella
de un lamento.

PROTEGIDO

¡Acogedme,
cantos desplegados del rio,
sobre el húmedo olor de los juncos,
la luz,
atardeciendo!
¡Acogedme,
brisas sin nombre,
-perdido-
entre las alas
del pájaro huido!
¡Acogedme,
manos convocando
mantel y frutos,
sobre el perfil de un sueño,
desnudo de lamentos!

PLAZA DE SAN JUAN

(A Málaga, desde la lejanía)

Desde mi exilio dorado,
lejos del mar de humilde espuma,
del temblor del aire
-urgen la mañana-
surgía el aroma recobrado
en el olvido azul besado.
El alba,
las campanadas de la Iglesia de San Juan,
radiantes, transitaban
alzando
-su propio vuelo-
hacia la torre amada
convocando
liturgias silenciosas
al calor de la Esperanza.
Fuera,
comenzaban a vibrar de gozo
las voces gritadoras,
los destellos de luz en la piel
de las frutas aromadas;
los peces, plateando
sobre el esplendor del mármol...
Y el cenachero, hoy,
solo era un débil recuerdo
-sombra de suvenir-
perdido en el Tiempo.

ODA A LA ROSA

Apareces, rosa,
en mis versos,
-infinitas veces- con tu aroma al aire,
junto al pájaro viajero.
O con las nubes deslumbrantes
discurriendo
-felices-
por los cielos.
¡Rosas del Parque del Oeste!
Dulcemente prisioneras,
deberíais tener alas
como las sombras de la tarde gris:
Que presienten la lluvia
en el clamor fragante
de los sueños.

EN LONDRES II

¿Fue el *Dixit Dominus* de Händel
como una espina blanda
-dulce-
escondida bajo una piel lúcida?
¿Fue el *Dixit* como
un himno universal
sobre cristaleras
de heridos presagios?
En un Trafalgar Square
-durmiéndose la tarde-
quede liberado
de un oscuro perfil de sombras.
(Händel, fuera de la Abadía,
dormía confiado
en St. Marin-in-the-Fields
-piedra sobre piedra-
sobre mi alma,
cercano).

LA CASA

Alozaina, de lejos.

Allí todo era
un exhalar de aromas:
de miel, de romero, de tomillo libado,
de dulce pimentón
de fruta madura.
Todo, reposando,
en el oscuro silencio
de la penumbra olvidada.
Pasos imprevistos
-sobre el despertar del alma-
pisando un resplandor dorado,
se acercaban.

MÁLAGA

A. V. Aleixandre

Yo sé, que el poeta
de la airosa capa
-desde su descuidado jardín-
amó el *mar del Paraíso*;
yo sé, que ese mar,
-solo fue-
un esplendor soñado
sobre la blanca espuma herida.
Yo sé que, ciñendo el mar,
dulces laderas de la ciudad
acogían a veces
-sin pudor alguno-
la cólera enturbiada
de las aguas.
Junto al mar
-eternamente intacto-
quemándome la piel
en aquel ardiente terral,
descansaba mi cuerpo adolescente
colmado
de azules sombríos.

LOS DÍAS

Hay difíciles, extraños días
que resbalan despacio
sobre un filo acerado.
Hay días, espesos, densos,
en los que ánimo,
-suspendido de un tedio delicado-
simula caligrafías
de confusos presagios.
Hay días, vibrantes de pasión:
(Baudelaire reclamaba
estar embriagado)
donde la luz es
tormenta tamizada
sobre los campos extenuados.

TODO ERA LUZ

A.Cádiz

I

Cádiz es
recogimiento urbano,
sabor de sal brillante,
espuma cálida:
transparencia de exaltada luz
en tu aire vivo
sobre las terrazas.
Alguien descansaba
sobre tus sueños
-en cada instante de la vida-
soledades cubriendo.
El mar, se deshacía en fuego
de dulces llamaradas, latiendo.

II

No tenia limites la ciudad:
la luz cegadora
-sobre el mar brillando-
quebraba su tierno entorno.
Calles, de una paz soñolienta
fluían al margen
del vértigo del Tiempo
en el anhelo azul de cada día.

III

Allí, las manzanas
-sobre mí-
resplandecieron
en el aliento de un beso.
Si. Tu luz era vulnerable
deslumbrando la pupila
en el temblor del día:
en el clamor del mediodía,
eres la reina del aire,
velando,
-a escondidas-
la zozobra vigilante de la vida.

CREENCIAS

Creo en el día que se despliega
como una dulce tormenta
en su ardiente brevedad;
en el grito de protesta de la rosa
-prisionera del aire-
ciñendo, con su aroma,
el blando rumor de la tarde;
creo,
en el Infierno de Dante
que hiere en su espesura
-a escondidas-
ternuras imprevistas.
Creo, en el grano de mostaza
que va creciendo como un rumor gigante,
derramando sobras sin miedo
sobre el cansancio de los pájaros.

EL AMOR Y LA PALABRA

"El amor no tiene más deseo
que alcanzar su plenitud."

Gibran Khalil Gibran

"Solo el amor es deletreado
por las manos."

Rosa Chacel

FUEL EL NACER

Fue el primer roce
de mi mano en tu mano,
-gozosa sombra de un deseo-
fue como una luz en vilo,
vibrando;
como un tenue destello
de la piel;
como el blando perfil
del ala de un pájaro:
un camino abierto,
un sueño dorado.
Fue el primer roce
-que quedó cautivo-
de mi mano
en tu mano.

TRANQUILIDAD

Destilas paz
por donde pasas
sobre la soledad que,
-fértil-,
te sustenta.
Dulcificando
mis vagas inquietudes,
tus labios granados
esparcen sueños
por los caminos
-dolientes-
del gris olivo
de los campos.

LA PALABRA

La palabra es:
lengua revelada,
trámite del pensar,
camino ardiente
de abismos desvelados.
...Horizonte umbrío
de un feliz pensamiento,
agua escondida
que hace camino
en el sueño.

CREPÚSCULO EN PIEL

Hay, en mi fatigada mano
un desolado entretejido
de oscuras venas,
cruzando, sin rumor,
latidos ocultos
en permanente desgarro.
No hay dioses
que protejan mi piel
del último frio de la noche.
Solo quedaba
el lento declinar
de las horas
cubriendo tus pasos.

LA CARTA

Había,
como en un mapa
de indeciso relieve,
un contorno de tu cuerpo
sobre la página blanca.
Acariciaba con mis dedos
tu firma breve
-como destellos de miel
en la alacena presa-.
Y tejiendo contigo atardeceres
imaginaba latidos de tu piel
desdoblándose
en las horas blancas.

SIGUE EN TÍ

Deslumbraba tu belleza
en aquel Tiempo vivo,
sobre el gozo de una cita
encadenando horas,
esperando yo
-impaciente-
el encuentro.
Éramos dueños de rehacer
los sueños, acunando
-en nuestras manos-
el asombro de una piel,
a la sombra
de un mar abierto.
No declina tu belleza hoy
en el acontecer de los sueños:
hay espinas,
desenredando rosas
-día a día-
en el corazón nuestro.

AQUEL VERANO

El verano
-efímero cansancio-
alcanza
al mediodía sin nubes
su júbilo de fuego.
El pájaro
-confiado-
busca,
en las ardientes sombras,
agua escondida
en tu pecho.
Luz amanecida en tu cuerpo,
contempla,
como las templadas horas
se deslizan por tu piel:
a la sombra
-vigilante-
de un sueño,
dormido en tus sueños.

PLAYA AL ATARDECER

Había restos de peces
entre los guijarros de las
huellas en la arena.
Tus rodillas
-redondas, ásperas, dulces-
apenas cabían
en el horizonte hundido
de la tarde,
sobre mis manos.

EMBRIAGADOS

Siempre hay que estar embriagados
-Baudelaire dixit-
cuando los días humildes
se posan sobre nosotros;
cuando los pájaros
-al anochecer-
se ovillan al calor de sus nidos;
cuando permanecemos
-prisioneros-
en el hueco rumoroso
de un recuerdo;
cuando el alma,
de un metálico brillo,
es abatida
entre las brumas del sueño.
De dioses, de vino, o de amor,
siempre embriagados.
Y de los pensamientos
-calientes como el pan recién hecho-
que me trae el viento,
por las nubes,
rodando.

SOLO UN RUEGO

Lee mis poemas en voz baja,
palabra a palabra,
verso a verso
demorándote en ellos.
Ninguna palabra
-en los caminos del sueño-
declinará muriendo:
ni el canto de la alondra,
ni el rumor
-vivo-
del Tiempo.

EN LA SOLEDAD

El Dolor es duro
como la roca viva
que acaricia el mar
no ablanda.
También hay dolor-júbilo
que se adentra
en el cansancio febril
de la esperanza.
...Quedarme solo contigo
en las afueras
de los sentidos,
en la búsqueda doliente
de un Silencio efímero
que apure
y dulcifique el día,
las horas discurriendo.

CELEBRAREMOS JUNTOS

Los años,
sucediéndose confundidos
con el quehacer de los días.
Paseábamos por calles
de dichosas ciudades,
junto al durmiente mar,
derramadas las brisas
sobre un Poniente
declinando en sombras.
Ventanas y balcones
-abiertos al rumor de la vida-
cubrían la mirada
sobre la paz del día.
Celebraremos juntos la Palabra
que puebla todas las historias,
que el Tiempo va cerrando,
desvaneciéndose,
en su propia sombra.

DESCANSO EN EL JARDÍN

Te encontrarás conmigo
en el verde
-desbordado-
de la hierba,
sobre el vergetal pulso
de la tarde,
en el perfil
-aromado-
de rosa desvelada.
Solo fue
un suspiro terminal:
como un resto
de un día cualquiera
que nos acogía,
en un cálido desamparo.

DOMINGO

Domingo:
Un día entre paréntesis
que permite el descanso
en plenitud temblorosa
sin el apremio cruel
de un rumbo programado.
La calle, solo es, un rumor de voces;
hay, como un revuelo de luces
en el aire perfumado.
Y el pan nuestro,
sabe mejor que otros días.
Y el periódico
-vuelo alado de noticias ásperas-
sugería historias que,
en el zozobrar del Tiempo
serían olvidadas.
Y el café, casi ardiendo,
desplegaba un sabor
que incendiaba
el brillo del verano
de mi antigua casa.
Y, al final, siempre,
regresaba a tu regazo
sobre una piel
que era una fuente
de paz dorada.

LAS AGUAS

(En Jorox, de nuevo)

Hay música escondida
en tu piel luciente;
hay sombra oculta
entre mirada oscura
sobre un mar de Poniente.
Hay, en la memoria,
un rozar
de las ramas del naranjo
sobre las aguas, de luz
resplandeciente:
locura matinal del rio,
arrastrando,
el azahar desnudo
en la mañana breve.

LA LUNA

Cuarto creciente
está la luna
que ofrecía su blancor
al Dolor que se alejaba.
Cuarto creciente
está el corazón
-piel desarmada-
poblando cada día
las usadas avenidas
del Silencio.
Cuarto creciente
están los recuerdos
-en pleamar pasajera-
regresando,
al origen primigenio
de unos sueños.

DESLUMBRAMIENTO

Tu nombre es, sobre el mar,
como un tapiz
de verde hierba acogedora.
Tu nombre vibra
como el roce de un latido
-bajo el calor de una tela-
que la mañana enciende.

SOLO ES

I

La Poesía
no es nada:
no es Tiempo,
no es Vida,
no es Muerte.
No es aire,
no es agua.
La Poesía
no es ritmo
ni música callada.
La Poesía,
solo es,
la piel de un sueño
que abre sus heridas
en el Alma.

II

La Poesía, podría ser también
un contar historias
-intimas, tangibles, efímeras,
creíbles-
recreando,
claridades esquivas
en el despertar
de la desvalida alborada.
Las palabras,
acudirían a mí
en confuso tropel
-enredándose-
en la humildad
de las sombras en flor
de la mañana.

LA HORA

Tus manos,
desprendiendo
olores templados
-limón, pimienta, laurel-
convocan a la mesa,
desgranándose el Tiempo
en el lento hacerse
de las horas.
Y una paz
-fragancia acogedora,
como un tapiz en trance-
me envolvía
-dulcemente-
en su trama.

EL CISNE

Surge, cansado,
de la orilla el cisne;
blanca humedad
sobre la hierba verde.
Cae, derrotado el plumaje
en breve vuelo,
Garcilaso,
recuerda en su retiro
-solamente-
el pálpito de un cuello
entre las sombras
-sumiso-
sus dedos,
recorriendo,
la piel amada.

LA ROSA

Fue el instante estremecido
de pulsar la cuerda
-escondida-
sobre el pretil del rio,
dejándome privado
los sentidos:
quise fundir promesas
sobre la rosa
-abierta-
del camino.

ES, COMO UN RESUMEN

No encontrarás un lugar
en mí
que no tenga tu huella.
Al término de los años
-en el alado acontecer
de los sueños-
compartiremos,
el resplandor de la lluvia dorada,
en el último discurrir
de las horas
sobre la Tierra.

SIN PRISAS

Oh beso demorado en el labio
-latido a latido de la sangre-
ve más lento.
Abrazo deleitado
en el desgarro del cuerpo,
ve más lento.
Ciego de luz,
por el camino acariciante
de tus huellas,
ve más lento.
Sin mirar los secretos
del corazón, rendido a ti:
me encuentro.

EN EL JARDÍN

En Primavera,
se afirma el árbol
prisionero en tierra.
Y crece
un pálpito de vida
en los brotes nuevos.
La fragancia
del agua y de la hierba
ciñen
el aire quieto.
Asombrado,
me detengo
en el umbral de tu aroma,
envolviéndome,
en un sueño.
(Los destellos anaranjados
de los mirlos en vuelo,
distraen la mirada
sobre un libro abierto
entre mis dedos).

ES AMOR

Donación eres
entre las sombras
-sosegadas-
de mi huerto.
Convocado estoy
como el agua en Primavera:
de ti,
sediento.

AL ESCRIBIR

Los signos
-como en una pintura de Miró-
ceñían las palabras:
la coma,
un silencio breve,
en azul recortado;
el punto,
un respiro fresco, una pausa;
el paréntesis,
un hablar quedo
-silenciando ritmos-
en la niebla alzada.
Tu voz,
convertida en sombra
me interroga:
por qué los sueños
se deshacen entre mis dedos
como en la acequia
el agua.

POLVO DE ESTRELLAS

No fue un simple error
de un Azar inteligente:
las estrellas,
desde su origen
-tanteando miedos-
se iban *haciendo camino*
hacia un esplendor sin límites.
No fueron metáforas de sueños,
ni esferas
-abrumadas-
de gas incandescente.
El mar,
las rocas,
los pájaros,
las rosas,
mantienen en su corazón
las señales de su origen:
polvo de estrellas
sin miedo a la muerte.
Que solo son
-como nosotros-
búsqueda ardiente.

PALABRAS EN EL AIRE

Si la palabra pudiera
-sobre un caudal
de voces luminosas-
caminar sin perderse
hacia los silencios
-puros-
del vivir...
Si la palabra pudiera
cambiar la piel de las aguas
en vivo manantial
de hondo sufrir...
Tu nombre quedaría
-como un mágico resplandor-
modulando, dulcemente,
el morir.

DE MADRUGADA

Esto es escribir versos:
es un trabajo espeso, paciente,
siempre buscando en el aire
la esquiva palabra.
A veces
-oh, milagro-
aparece:
clara, ardiente, tangible.
Entonces, hay júbilo en el alma,
alentando mis sueños
la palabra, por fin,
encontrada.

SOBRE ÁNGELES Y DIOSES

"Yo soy el ángel del
ritmo y la lluvia
el mensajero llovido
del cielo."

Gerardo Diego

ÁNGELES

I

Busco, en mis desolados sueños,
un ángel de alas bienhechoras
que cubra mi piel
de agua encendida, luminosa.
Que aleje de mi vida
-tenue luz en espesura-
un temor desbocado
sobre remotas tinieblas.
Que me acoja dulcemente
en la abierta resonancia
de una Muerte incierta.
Que acuda
con urgencia alada
al grito de mi voz:
... que nació desnuda
sobre un rumor dormido
en los afiliados bordes
de la Nada.

II

Me negaré siempre
a que mi cuerpo
ruede
-sin sentido-
por los abismos sin tregua.

Somos, quizás,
como ángeles suspendidos
en el dulce y oscuro
caminar del Tiempo.

III

Venias de un pavor sombrío
sobre el umbral
de las turbias aguas.
venias de un amor derrotado
sufriendo
-en silencio-
la Muerte en tus alas.
Venias de sacudir la Tierra
en tu soledad velada.
¡Cómo dudar que fuiste
estrella abatida
-sobre los fatigados cielos-
quedando, para siembre,
enferma tu alma!

IV

A Ivo Pogorelich

Que no se vayan todavía
que aplaudan, una vez más
a los vestigios sonoros
en la Noche.
El Ángel
-hombre de oscuro, disfrazado-
vino a sorprendernos

afilando, sobre el teclado,
sus dedos como alas.
Las palabras se resolvían
en *música callada*
en el fluir, enardecido,
de la sala.
Y en el templado frío de la Primavera,
-cercano el bulevar-
los pájaros cansados,
dormían en las ramas.

V

El piano, en J. S. Bach,
es, como
una catedral de sonidos,
un sepulcro abierto al viento,
un desplegar de caricias,
-manos fugaces
en el barniz negro.-
El piano,
-como un clavicémbalo vibrante,-
es un cofre de deseos,
un dolor desprendido,
una exaltación de lo eterno,
-alado-
un hablar en voz baja,
un grito de deseos.
Hay ángeles compasivos
enredando en sus cuerdas,
convocando,
cantatas y preludios,
construyendo sueños.

VI

En Primavera,
-surcando el viento-
se desperezan
las alas de los pájaros.
En primavera,
la Tierra,
cubre de caricias
el tímido Sol de abril
sobre tus labios.
En Primavera
-sobre las nubes-
un ángel,
va repartiendo auroras
por los campos.

VII

Lejos del mar desnudo
-en una breve amanecida-
sobreactuaban, inquietos
las palomas y los mirlos.
En la memoria
-manantial del olvido-
había resplandecido
un suspiro turgente,
desliándose las horas.
El Ángel del Silencio se detuvo:
había paraísos reflejados
en una mirada atenta
de los árboles, siguiendo,
el vuelo encantado de las nubes.

Y de los pájaros,
lastimados en su marcha,
remaban a contratiempo.
Y todos se unieron a mi relato
que había estado oculto.
¡Y el velo, al fin,
iba dulcemente cayendo!

VIII

Quedó desconvocada la huelga
de ángeles perversos:
fueron de las nubes desahuciados,
y se refugiaron
-como okupas del miedo-
en el enigma
del fluir de Tiempo.
Al final de los siglos,
hubo un giro imprevisto:
quedó desconvocado el Dolor,
desterrado el Sufrimiento.

IX

No sé qué cosa
se está adentrándose en mí:
es, como un murmullo de mar
deslizándose,
en labrado llanto.
Ya, con los ángeles dispersos,
-huidos-
no puedo sostener
el aire
entre mis brazos.

X

Deberían tener alas
los recuerdos,
y volar muy lejos:
como los ángeles,
sobre el rumor del cielo.
Deberían tener anclas
los recuerdos,
y quedar fijos
-olvidados como los ángeles-
bajo la piel del desconsuelo.
Deberían tener remos
los recuerdos
y alejarse
-enlazados-
por las riberas del sueño.

SOLO AL ROZAR

Qué bien se yo
quien me seduce
y me espera impaciente
adentrándose
-a deshora-
en mi alma.
Sobre el tacto encendido
de mis soledades,
acudo a Tu llamada,
junto a los que están cansados.
Sobre el Valle de la Muerte
hay una esperanza
arrebatada al Tiempo:
nada ni nadie se perderá
-en la doliente oscuridad
de los sueños-
si tus manos
-aún en una frágil levedad-
lo han rozado,
queriendo.

INÚTIL BIOGRAFÍA

Me encuentro retenido
en una espera solitaria,
colgado de un vaivén
de rama rota,
desnudo,
como pájaro
que el viento abate,
aguardando la dolencia
-miel y azúcar-
que mis labios confunden.
¡Cuando se cerrará
mi breve biografía
en su amargo recorrido
-hacia Ti-
por los latidos débiles
de las horas!

ME INSPIRÓ UN ÁRBOL

Conocí el desvivir humano
cuando mis manos
-inventando el tacto-
acariciaron sin prisas
la corteza, en sombras,
del árbol.
Y sentí que mi ser
-dejándose ir-
era también su ser
enraizado.
Y que su savia desvalida
corría a vivos raudales
como la sangre
que huía de mis manos.
Todo era una búsqueda,
-rio arriba hacia El-
en un despertar silvestre:
deslumbrado el corazón,
quedé encadenado.

EN UN INSTANTE

Creciendo en soledades
pensamos que vivimos
al rumor de los recuerdos.
En un día menos
-cada día-
me llegó sin sentir la noticia:
fue el final
de una caricia Tuya
sobre
un mar sin cansancio,
muriendo en el tiempo
perdido estaba
y te había encontrado.

LA LLAMADA

Venid a mí los cansados,
despacio,
-uno a uno-
como los latidos del corazón
que descansan en el sueño.
...Que yo os aliviaré
en la blanda caricia del agua,
sobre el pensamiento.

EL

Miro con el rabillo del ojo:
y allí es El:
que podría ser el vacio,
-hondo-
de una copa de vino,
o una minúscula flor
o la lluvia que cae
y se disuelve en el mar
y que
-a veces-
bajo un temor abisal
me inunda
removiendo las entrañas
de un nocturno deslumbrante.

SUEÑO

Rasgando sombras en la noche
descubrí una luz apacible
en el resquicio de un Silencio.
Entre rosas blancas y rojas,
-retumbando en la tarde-
un dios cercano, yacía,
sobre el mundo sonoro
del *Adagio cantábile*
de la Patética.

COMO UN POBRE SOY

Voy mendigando
una Verdad sola,
desde que verdeaba
mi adolescencia
sobre un mar de esplendor
-tranquilo-
sin otoños fríos.
Desde que iba a tientas
por los caminos del aire
buscaba una palabra
-la Palabra-
como un suspiro
que cimentara con el Tiempo
mi frágil esperanza.

ACOMPAÑAMIENTO

En el breve parpadeo
que es la vida
busqué un algo
que mi alma tranquilizara.
Así fui inventando
caminos habitables,
alfombrados
de piedras delicadas,
de flores estelares,
de pájaros delirantes.
De sueños acogedores
en el pacifico deslumbrar
de Tu mirada.

SIESTA

Había un torpor pacifico
en cada esquina del sueño,
y quedó la vida suspendida
sobre la ventana abierta
acumulando brisas.
Había un blando descansar,
como oleaje
de rosas desplegadas,
como una espuma de hierba
en el olvido,
como el hilo de un sueño
habitable de Esperanza,
-anegado de aromas-
por la piel
descendiendo.

CANTATA DE J. S. BACH 147

Fue la cantata de Bach
como un grito del espíritu
anudando esperanzas,
desnudando temores,
esparciendo en el aire
resplandores de bondad
sobre el cálido soñar
del alma.
Cantata de Bach:
alegría del Dolor,
rompiendo,
el ritmo de la sangre.
Cantata de Bach:
envuelta,
en el aliento del incienso
de un Azar que pasa.

EPÍLOGO

"Como después de un sueño
no acertaría
a decir en que instante sucedió.

Llamaban.

Algo, ya comenzado, no admitía
espera."

Jaime Gil de Biedma

DE NUEVO, LA ALDEA

No me cogerá desprevenido
la muerte.
En un débil descuido,
me advertirán de su llegada
el aroma de los pinos cercanos;
los lejanos ladridos
de los perros;
el canto sumergido de las aguas
sobre el lecho
-blanco-
del rio;
las nubes amigas,
blandamente acumuladas
en mi ventana
abierta, al esplendor de la tarde.
Y en el naranjal de Jorox,
se encenderá el misterio
de las luces de carburo.
Y en un breve parpadeo
jugarán las golondrinas
sobre el dosel de mi cama
-lagrimas corriendo-
al calor de unas manos infantiles
cargadas de sueños.

EN EL CAMINO

Por tinieblas luminosas,
que quiebran el párpado herido,
camino con cansancio de siglos.
Sobre un sendero
labrado de rosas,
la oscura claridad
se abre a mis ojos
-pausada, tierna-
en el interior del corazón.
Hay un temblor de vida
en un rincón de la muerte,
y se deshace
-cada día-
el misterio azul
del canto de los pájaros
sobre la arboleda virgen
tapizada de palabras en flor.

RECUERDO

En sueños, mi adolescencia
descansaba en el corredor
-aire inmóvil-
de mi casa.
Deseaba,
que mi memoria
-a oscuras-
dejara mis sentidos acogidos
como en una pátina de amor.
En los altos ventanales de los patios,
el aliento familiar
apenas rozaba mi cuerpo,
delator
de una tarde andariega.
Me desbordaría
el azul ciego de la noche
y me quedaba, esperando, soñoliento
la dulce luz de la mañana.

SOBRE TÍ

Recorren por tu piel,
la brisa de los campos;
el rumor
-áspero y dulce-
de las amapolas;
el sabor a azahar de los frutos
que amanecen
-puros, virginales-
en el calor de la mañana;
en el vaho de los pájaros
escondidos en las ramas.
Y, sí,
hay en tu cuerpo
un mar de nubes azuladas,
una esperanza
que permanece fiel
en la memoria
-ya olvidada-
de un tiempo pasado.

IGNORANCIA

Difícil es, a veces, conocer,
a través de la benévola luz
de la mañana,
quién me envía
la dicha trémula
del aire luminoso;
quién me coge de la mano,
y me desvela por qué azulea
el brillo de la espuma;
o por qué me abrasa
la llama viva de un recuerdo.
Es difícil conocer
quién me calma la sed
de palabras estelares,
de arrebatadas sombras,
de un deseo,
de luces suplicantes
en aquel Otoño tardío;
Quien marca el camino
a un Universo
poblado de fatigadas incertidumbres
mientras que el alma se consume
en frías aguas
de la Espera.

NACIMIENTO

Recuerdo iluminado,
encendiéndose con lentitud,
que estuvo ciego mucho Tiempo,
-escondido-
en un juguete de madera
o en el sabor a fruta
caída en la tierra.
Fue un despertar encantado,
mágico de nubes
y de brillos azulados.
Y me fui a descansar
bajo la humilde sombra
de aquel dulce granado.
Y el agua, lejana
se adivinaba
corriendo entre las piedras,
abriéndose a la tarde,
sobre aquel recuerdo, incierto,
de mi infancia.

ACOGIMIENTO

Apenas llegaba a mí
el agua leve de lluvia,
-tranquila-
apenas susurrando
de frío en los cristales,
me dejaba llevar
por el rumor suave de su tacto,
acariciando la noche sin luna.
Sentía en mis manos, en mi cara,
la tarde sosegada de rumores;
era la plenitud ingrávida de mi ser,
caminando por calles acogedoras,
sin viento,
sin voces,
sin pisadas.
Presentía, en mi corazón,
un retorno feliz
a la dulce soledad buscada
de mi escondido cuarto.

BAUDELAÍRE, RECORDADO

Soñar, siempre soñar.
Soñar despierto
es desprenderse
del enorme peso de la vida.
Soñad,
en la soledad del viento,
en el murmullo incierto,
de la rosa,
en la ola amiga
que despierta al tacto
los sentidos,
en la tarde que rueda
sobre la tímida añoranza.
Fuera, el Tiempo,
inútil se desgrana.
Soñad sin prisas,
-lentamente-
abierto el corazón
a la brisa de los campos.

SALA DE ESPERA

Mi tumba,
-en campo abierto-
no era de mármol,
sólo de flores
-margaritas, rosas, alhelíes-
abatidas por el viento.
Allí, había sido fácil morir,
Quedarse al cuidado
de las lentas horas.
La conciencia, discretamente,
había huido,
abrumada por el Tiempo.
Y el Silencio,
-dueño del aire-
era abundante,
de un esplendor humilde.
Y allí, anclado
en un oscuro azul,
quedé abandonado
-sin alma-
esperando a un Dios
que nunca llegaba.

DESCANSO FINAL

En el claro abril
los campos se cubrían
con tapices
de blancas margaritas.
Los cielos se enredaban
de estremecidas alas de los pájaros.
Compartían conmigo,
-ángeles amigos-
los fértiles sueños de la esperanza.
Tendido,
en la acogedora arena
miraba las nubes inmóviles,
latiendo de lluvias.
Y en los oscuros bosques,
árboles en silencio
eran testigos del veloz ciervo,
sediento de las rumorosas aguas.
Y mis sueños descansaban
en el temor invisible de los campos
donde ardía
el feliz rojo de las amapolas.

ÍNDICE